René Sommer

Verwildert im Grasland

AF235985

Zuletzt erschienen (edition jeu-littéraire):

Alldadarin. Roman. ISBN: 978-3-7481-5764-9

Der Wal heißt Beethoven. Kurzgeschichten. ISBN: 978-3-7494-4962-0

Eine Frage der Libelle. Gedichte. ISBN: 978-3-7412-9958-2

Der schlafende Löwe. Kurzgeschichten. ISBN: 978-3-7504-0301-7

Trotzdas. Roman. ISBN: 978-3-7504-3790-6

Das Sofa beim Waldstein. Kurzgeschichten. ISBN: 978-3-7519-0507-7

Ultramarin und Rosmarin. Gedichte. ISBN: 978-3-7504-9989-8

Der farngrüne Tiger. Kurzgeschichten. ISBN: 978-3-7526-1113-7

Fernab. Roman. ISBN: 978-3-7526-8382-0

Fledermaus im Federhaus. Kurzgeschichten. ISBN: 978-3-7534-5878-6

René Sommer

Verwildert im Grasland

Gedichte

Bibliografische Information der Deutschen National-bibliothek:
Die Deutsche Nationalbibliothek verzeichnet diese Publikation in der Deutschen Nationalbibliografie; detaillierte bibliografische Daten sind im Internet über http://dnb.dnb.de abrufbar.

Editor Factory: ib-lyric (edition jeu-littéraire 3/4)
Author Photo: Erika Koller
Cover Image: Itta Beaux

Herstellung und Verlag:
BoD – Books on Demand, Norderstedt

ISBN: 978-3-7543-1307-7

Inhalt

Der Schlüssel zum Luftschloss

Unter einer alten Linde sitzt ein Frosch
am Rand des Brunnens, sagt.
- Wenn der Baum blüht, nimmst du
den Duft selbst im Vorbeigehen wahr.
Der Wind spielt mit riesigen Luftballons
vor einer dichten Dornenhecke.
Kaum wahrnehmbar schwanken
die Zweige des Wacholderstrauchs.

Der Reiter mit Riesentrompete
wird zur Fliege an der Wand,
spielt leise sein Solo.
Eine Plastiktüte schwebt in der Luft.
Aus dem Himmel fährt
eine nachtschwarze Kugel herab.
Der Außerirdische steigt aus,
fängt die Tüte ein.

Die Frau mit signalrotem Paillettenhut
übergießt sich mit heller Farbe.
Pinkfarbene Blütenblätter regnen
auf sie nieder.
Ein handtellergroßer Schmetterling
zittert mit den Flügeln.
Huch steckt den Schlüssel
in ein Luftschloss, dreht um,
drückt die Klinke.

Das mondweiße Muschelhorn

Der Flusslauf schlängelt sich
durch Steine, Felsen und Eichengrün.
Intensives Türkis schimmert,
ein Azurton im tiefen Wasser.
Ein Vogel zirpt aus den Blättern.
Schmetterlinge ruhen auf den Blumen.
Die smaragdgrüne Eidechse huscht
eine gleißend helle Steilwand hinauf.

Huch bläst in ein kopfgroßes,
mondweißes Muschelhorn.
Die Zirkusprinzessin auf Spitzenschuhen
neigt den Kopf beim Zuhören, sagt.
- Achte auf Zettel und Schnipsel.
Sammle sie für mich!

Huch beschmiert Buchstaben aus Teig
mit Marmelade, fragt sich.
- Was wäre, wenn ich hören könnte,
was andere Menschen denken.
Die Silben fallen wie schwere,
versteinerte Tropfen.
Er fliegt in einer Seifenblasenwolke
auf eine riesige Melone aus Eis,
bastelt ein Flugzeug aus Balsaholz,
segelt mit der Möwe
durchs leuchtende Blau.

Der Elefant auf der Briefmarke

Über die kreisrunde Sichelbucht
mit feinem Sand weht Glitzerstaub.
Eine Wolke spiegelt sich im See.
Schmetterling und Libelle tanzen
übers Wasser. Der Wind rauscht.
Die Blätter lispeln.
Sonnenstrahlen glitzern.
Ein winziges mohnrotes Sandkorn
schimmert am Fuß.

Huch fragt sich.
- Was hören die Ohren,
wenn es still ist?
Eine Frau zwischen Wäscheleinen
schiebt ihm einen Zettel
mit 3 Vorschlägen zu.
- Lass die Sorgen sein!
Denk positiv! Sei glücklich!

Wie durch Zauberhand bewegt
schweben Tischtuch und Zitrone
zur Post.
Der Elefant setzt sich auf die Briefmarke
und sendet sie hinauf
zu den zerklüfteten Sandsteinfelsen.
Die Tür kommt zu Huch, sagt.
- Bitte klopf an.

Wolf und Schaf

Brombeeren überwuchern eine Insel
voller Bäume.
Türkisfarben sonnt sich der See
unter dem blitzblauen Himmel.
Die Wellen plätschern leise,
schwemmen ein Holzstück an.
Hell und fein ist der Sand
am backpulverweißen Strand.

Huch betrachtet den Moment,
bevor der Bleistift das Blatt berührt,
hört den Klang der Stille,
den Pulsschlag der Freiheit,
zieht feine Linien der Wand entlang.
Ein Klavier wächst im Wald ein.
Hüfthoch wölbt sich das Gewirr
der Wurzeln darum.

Er steigt auf einen Berg von Socken,
trifft 2 Menschen, die sich
als Wolf und Schaf verkleiden
und bunte Badeshorts entwerfen.
Seifenblasen steigen auf.
Huch schaut auf die Wanduhr
in seinen Händen.
Die Ziffern purzeln durcheinander.
Seinem Mund entweicht ein spontanes Oh.

Der Farn beim Wasserfall

Durch einen dichten, dschungelartigen Wald
führt der Weg.
Samtgrün schimmert das Tal,
als habe es jemand mit Moos ausgelegt.
Beim Wasserfall wächst riesiger Farn.
Dicke, pelzige Flechten überwuchern
einen knorrigen Baum.
Efeu umschlingt den Stamm.

Ein goldener Schwan gleitet
den Fluss hinunter, sagt zu Huch.
- Verrate es keinem. Ich bin ein Alien.
Er spannt ein riesiges Spinnennetz
aus Garn aus, legt sich schlafen.
Eine Frau im orangegoldenen Clownshemd
fragt Huch.
- Soll ich dir aus der Hand lesen?

Er fragt sich, wie es ist,
ein Schmetterling zu sein,
zeichnet mit weichen Buntstiften
auf eine silbern schimmernde Karte,
zieht Kreidestriche um die Füße,
faltet eine Teekanne aus einer Serviette,
flattert von Blüte zu Blüte,
nascht mal hier, verweilt mal dort,
fliegt weiter.

11

Der Drache spuckt Feuer

Der funkelblaue See zerklüftet das Ufer
unter fast wolkenlosem Himmel.
Mit der Wurzel findet ein Baum
in der Felsspalte Halt.
Das Licht lässt die Blätter leuchten.
Knorrig, skulpturenhaft, steingrau,
flechtengrün überwachsen schimmert der Stamm.
Ein Zweig ragt ins Wasser,
worüber die Libelle tanzt.

Huch sprayt ein Graffiti
in psychodelischen Farben auf ein Fabrikskelett.
Sein Bild wird auf ein Handtuch,
eine Postkarte, eine Reisschüssel
und ein spielzeugbuntes Pyjama gedruckt.
Eine große Tafel kündigt ein Haus
als Fruchtblase an.
Huch tritt ein und wird wiedergeboren.
Die Bank davor sieht
wie ein riesiges Blumenblatt aus.
Huch legt sich darauf, verpuppt sich
und schlüpft als Schmetterling aus.

Durch den See zieht sich
ein feuerspuckender Drache, fragt.
- Hast du eine Nuss?
Ich würde sie gern knacken.

Der regenbogenbunte Frosch

Den Berg umbranden Wolken.
Ein blickdichter Blätterwald schimmert
in Tausenden von Grüntönen.
Moosbewachsen, riesig, verwittert
ragt ein Baum auf.
Ameisen rennen geschäftig
den Stamm hinauf und hinunter.

Huch streut Säcke voller Spielsteine aus.
Auf einem Schild am Ufer
steht groß und schwarz.
- Hast du Konfetti im Kopf?
Er spielt Mundharmonika.
Ein Zebra tanzt einen Reigen
mit Walen.
Roboter schwingen Schweizerfahnen.
Aus einem Kunstautomaten lässt Huch
kleine Bilder heraus, schenkt sie
dem regenbogenbunten Frosch,
der auf einem Grashalm hockt.

Auf dem Waldweg liegt ein Lineal,
verwandelt sich in einen Baum zurück.
Huch hängt einen Wunschzettel
in den Wind.
- Ich wünsche mir einen Block
mit Blättern zum Abreißen.

Spaghetti gehen zur Urne

Auf dem dunkelgrün bewachsenen Berg
rinnt kristallklares Wasser durch Felsenwannen.
Leise wiegt sich der Bambus.
Zottelige Flechten wachsen an den Ästen,
lassen den Wald verwunschen wirken.
Efeu überzieht die dicken Stämme.
Ameisen krabbeln über das Wurzelgeflecht.
Ein Eichhörnchen guckt
aus der mächtigen Krone einer Eiche.

Eine Schaufensterpuppe wird lebendig,
streift die Schlangenhaut ab, sagt.
- Schluss mit Spaghetti essen.
Die Spaghetti gehen zur Urne.
Die Frau an der Kasse fragt.
- Wollt ihr die Puppe als Präsidentin?
Sie stimmen zu.

Huch trifft ein gutes und fleißiges Mädchen.
Sie kommt zum Backofen. Das Brot ruft.
- Ist das nicht fast ein bisschen schade,
wenn ich verbrenne?
Das Mädchen tritt herzu,
holt das Brot mit dem Backschieber raus.
Ein Gipsmännchen im dunklen Anzug
trägt einen Glitzerstein, sagt.
- Ich will um keinen Preis auffallen.

Die Riesenseifenblase

Das Gras wogt im Wind.
Dunkelgrüne Streifen durchschneiden
eine mattgrüne Wiese.
Ein Bachlauf windet sich durch die Bäume
und den hellen Klang der Zikaden.
Felsstufen türmen sich terrassenförmig auf.
Vor einer bemoosten Wand
stürzt der Wasserfall wie ein Vorhang.

Huch schlüpft in den Schalltrichter
eines riesigen Sousaphons,
hört tiefe Töne.
Eine Glückshenne gackert.
- Ich verhelfe dir todsicher zum Gewinn
beim Glücksspiel.
Aus einem alten Drucker kringelt
ein schmaler Streifen Papier,
eine Art Kassenbon mit der Aufschrift „Huch".

Auf der Suche nach dem Herz,
das er verloren hat, gleitet Huch
in einer Riesenseifenblase
zu den Händen, die sich selber zeichnen.
Mit einem kleinen Gefäß schöpft er
Wasser aus einem Eimer
in einen Kanister,
zählt das Wasser.

Die Giraffe träumt

Der Berg ragt hoch.
Sein Gipfel streift den lichtblauen Himmel.
Ein riesiger Baum wirft Schatten
auf den Sand und das glasklare Wasser
der verwunschenen Sichelbucht.
Blumen duften zwischen den kargen Felsen.
Stachlig schlingen sich Stechginster
und Brombeerranken umeinander.
Huch zeichnet Gedichte in den Sand.
Wellen reißen Löcher ins Textgewebe.

Eine Giraffe träumt von Huch.
Er verwandelt sich in einen Vogel, spaziert
über die Blätter einer Riesenseerose,
wird wie ein Satellit ins Weltall katapultiert,
erscheint als Engel auf einer Wolke,
stellt sich, als Blume verkleidet,
ins Sonnenblumenfeld.
Sie bewahrt ein Wort im Mund auf,
sodass kein einziger Buchstabe herausfällt.

Ein Roboter setzt sich
auf einen Leuchtbuchstaben,
träumt vom Menschsein, sagt zu Huch.
- Möchtest du Moosforscher werden?
Er findet im Regenbogen
über dem Wasserfall eine neue Moos-Art.

Der Wal und die Harfe

Glasklar sprudelt der Bach,
stürzt in die Tiefe.
Die Gischtfahne des Wasserfalls
schweift über die Wand.
Sichelförmig geschwungen
ist der feine Sandstrand.
Blautürkis gleißt das Wasser.
Auf dem Felsenplateau darüber
reckt eine Eidechse den Hals.

Der singende Wal fliegt hoch am Himmel,
umkreist die Welt und ihre Wörter.
An seinem Mund hängt noch
ein Satzschnipsel und eine goldene Harfe.
Am Rand eines Eichenwalds malt Huch
Streifen, Kreisringe und Pinselabdrücke
an die Wand einer einsamen Bushaltestelle.

Auf der ausrangierten Fluggasttreppe
balanciert Huch eine Münze
auf dem Regenschirm, legt sich hin,
guckt in die Wolken,
betrachtet die Musterabweichungen.
Ein Alien landet auf der Erde,
hat Beine am Kopf, sagt zu Huch.
- Ich habe Bücher
in der Telefonzelle gefunden.

Das wolkenweiße Boot

Langsamer vergeht die Zeit im Wald,
der die Bucht vor Blicken schützt,
flüstert, knackt und raunt.
Waldreben bilden ein unendliches Knäuel
mit Flechten und Farnen.
Über den glatten Felsen führt ein Pfad.
Ein Bach plätschert in den See.
Weiß und fein wie Puderzucker
schimmert der Sand.
Ein Baum aus Glas steht am Strand.

Ein wolkenweißes Boot schwebt durch die Luft.
Huch gleitet in den capriblauen Himmel,
bringt einem Vogel mit 3 Flügeln
das Sprechen bei.
Eine Frau trägt ein schneeweißes Kleid
und eine Rokoko-Perücke mit Segelschiff,
sucht einen kajalschwarzen Stein im See, fragt.
- Warum sind alle Steine anders?
Huch sagt, dass sie ein bisschen
verschieden sind.

Sie schenkt Huch ein T-Shirt mit dem Aufdruck.
- Das Leben ist ein Strand.
Huch schiebt Stühle hin und her,
stapelt sie aufeinander, stellt einen Stein
auf ein buntes Podest.

Schritt in die Luft

Eine Wolke gleitet
durch den eisvogelblauen Himmel.
Von der steilen Felsflanke
rauscht ein Wasserfall herab.
In zarten Rosatönen strahlt ein Pfirsichbaum
über einem Steintisch im verwilderten Garten.
Die Rose windet purpurfarben
Blüten und Knospen über die Mauer.
Eine Frau wirft Blütenblätter aus dem Fenster.

Mit gefederten Schuhen schwingt sich Huch
bei jedem Schritt in die Lüfte auf.
Ein Schild verweist auf den Weg.
- Achtung! Sie durchschreiten Höhen und Tiefen.
Huch malt große pechschwarze Zeichen
auf eine perlweiß grundierte Leinwand,
lässt dicke farngrüne Pinselstriche leuchten.
Auf einem klapprigen Kinostuhl
sitzt er vor einer wandfüllenden Plakatwand.

Aus farbigen, sich türmenden Wellen blitzen
ein Bretterzaun und Straßenstaub.
Zwischen überwucherndem Gras
und leuchtenden Blumen leckt eine Katze
Worte von einer Glasscheibe.
Und so verschwindet die Zeile.
- Wörter sind das Meer.

In wilder Pfefferminze

Die kleine Bucht liegt friedlich und still
in der Mittagssonne.
Das Wasser glitzert, leuchtet in Ufernähe
von Hellblau bis Libellengrün.
Eine moosige Felswand erhebt sich
über dem vanilleweißen Sandstrand.
Der Pfad wird steil.
Am Steilhang duften die Föhren.

Huch trifft eine Frau beim Joggen.
Sie kommt von einem anderen Stern,
ist mit dem Raumschiff abgestürzt,
inmitten wilder Pfefferminze hart gelandet.
- Soll ich auf Dinge achten, die funktionieren,
oder auf Schwachstellen, die versagen?
In einem Steinbruch entdeckt Huch
die Marmorzeit, findet einen Autoreifen
aus Marmor.

Er schlägt mit alten Flip-Flops auf die Enden
unterschiedlich langer Bambusrohre.
Auf einem überdimensionalen Holzbett
stehen in markanten chiliroten Großbuchstaben
die Fragen.
- Kannst du mit einer Topfpflanze
befreundet sein?
Verstehst du Tiere?

Vorsicht Baum

Durch den Himmel segelt eine Wolke.
Dichter Wald wuchert um den schroffen Felsen.
Zwischen moosbewachsenen Bäumen
und Schlingpflanzen mündet der Fluss
in den Wellen des Sees.
Licht dringt durchs Blätterdach
auf die Ameisen, die geschäftig
die Stämme hinauf und hinunter rennen.

Huch faltet eine Serviette zu einer Blume,
stellt sie in eine Vase.
Sie wächst, wird ein Tischtuch, ein Segel,
fliegt fort.
Im Wald warnt ein Schild.
- Vorsicht Baum!
Huch sieht sich vor und um.
Viele Bäume stehen neben dem Schild,
auf dem Schild nur einer.

In einem Puppenhaus in Lebensgröße
ist alles pink, von den Sofakissen
bis zu den Tapeten an der Wand.
Eine Frau häkelt einen überdimensionalen
rosaroten Häkelpullover, fragt.
- Bist du wirklich Huch?
Vielleicht bis du der Andere
oder eine Huch-Teilmenge.

Die Fledermaus im Sand

Die Sonne taucht den Strand
in goldgelbes Licht.
Am Himmel leuchtet
ein flammendes Floridablau.
Schäfchenwolken tummeln sich,
fedrig wie Pinselstriche.
Wellen löschen die Fußabdrücke.
Brombeeren überwuchern den Waldrand.

Ein bunt angemalter Elefant wacht auf,
zeichnet mit dem Rüssel
eine Fledermaus in den Sand.
Ein Löwe reitet auf dem Rücken
eines Schimmels.
Huch findet ein Stück Holz mit Hörer und Gabel,
flüstert in die Öffnung.
- Giraffen sind auch schwierig zu zeichnen.
Er verschließt die Sprechmuschel
mit einem Holzstopfen.
Der Elefant tippt ihm mit dem Rüssel
auf die Schulter, zeichnet eine Giraffe.

Huch fängt winzige Sprachfetzen
der vorbeieilenden Passanten ein.
- Warum trägt die Giraffe einen Schal?
Die Fledermaus sagt zu Huch.
- Mögliche Abweichungen fallen auf.

Der Wald und die Wölfe

In einem undurchsichtigen Wald endet der Weg.
Ein Bach, die Blätter
an den hohen Buchen rauschen,
von Vogelstimmen begleitet.
Durchs dichte Wipfeldach fällt nur wenig Licht
auf den von Wurzeln durchflochtenen Boden.
Unterholz wächst
um einen umgestürzten Baumriesen.

Huch fragt Rotkäppchen.
- Was erlebst du im Wald?
Sie sagt.
- Es hängt davon ab,
wie viele Wölfe erscheinen.
Er trifft Hänsel und Gretel, erkundigt sich.
- Was macht ihr im Wald?
Sie sagen.
- Wir treten als neue Jugendbewegung auf.

Manchmal will Huch eine Zeile
schon verloren geben, merkt aber,
dass sein Gedicht noch nicht zu Ende ist.
Er entdeckt einen Jungbrunnen,
tritt einem Team bei
von immer jünger werdenden Huchs.
Der jüngste sagt.
- Bei mir machen wir einen Zwischenstopp.

23

Farbsprenkel

Auf dem Berg fällt der Pfad
zu beiden Seiten steil ab,
von ockergelbem Staub bedeckt.
Der Schatten des Felsens malt eine Figur.
Die Kaskaden des mächtigen Wasserfalls
fängt ein Becken auf.
Inmitten der kniehohen Wiese voller Blumen
wächst der Baum, dessen Blätter schimmern.

Eine in Weiß gekleidete Frau
bewegt sich tänzerisch um 100 Pfauen.
Sie schlagen alle aufs Mal das Rad.
Die Luft weht um Huchs Haare.
Ein Vogel mit 3 Flügeln
steigt in den augenblauen Himmel.

Huch besprüht ein Stahltor mit Graffiti.
Rasselnd geht es auf.
Ein hohler Baumstamm steckt voller Zettel.
Auf dem ersten, den Huch herausgreift, steht.
- In diesem Park siehst du einen Springbrunnen,
aus dem Farbe anstatt Wasser sprudelt,
einen blauen Pinsel und dich selber.
Huch ihn in die Farbe,
sprenkelt sie auf sie Leinwand,
holt durch eine quetschende Bewegung
das letzte Quäntchen aus dem Pinsel.

Schattenwurf

Im schwer zugänglichen Wald, unübersichtlich,
weht der Hauch eines Knackens im Gestrüpp.
Wurzeln überziehen den Pfad wie Adern.
Moos bewächst den Felsen.
Jeden Schritt fängt der Waldboden weich auf.
An den Ästen hängen Flechten wie Bärte
schweigender Wanderer
vor schier undurchdringlichem Grün.

Eine Frau fragt Huch.
- Soll ich dir aus der Hand lesen?
Er macht eine Handbewegung.
Sie erkennt auf den ersten Blick.
- Du hast eine fast unglaubliche Glückssträhne.
Ein Mann, der in den Honigtopf
geboren wurde, fragt Huch.
- Gibt es den Stuhl, den ich sehe, wirklich?

Huch malt einen Teppich aus Farbflecken,
zieht eine Linie um den Schattenwurf
einer Frau. Sie trägt ein hellgrünes Kleid
mit zitronengelben Schmetterlingen,
drückt auf die Langsam-Taste.
Zartblau leuchtet das blühende Flachsfeld.
Eine Mauer öffnet den Mund und sagt.
- Wenn du bereit bist,
bin ich es auch.

Das versteckte Schaf

Im wilden Bergwald wispern leise die Blätter.
Das Wipfeldach verdeckt den Himmel.
Der Bach stürzt einen Steilhang hinab.
Hohe Felsen umsäumen ihn wie Wälle.
die ihn von der Welt abschirmen.
Zwischen Birken und Moos
windet sich ein Pfad durch die Schlucht
zu einer knorrigen Eiche.
Leuchtend gelb blüht der Ginster.

Der ferne Glockenton eines unter Bäumen
versteckten Schafs führt
zu einem alten Ledersofa
neben einer eingewachsenen Bocciabahn.
Unter einem himbeerroten Tuch
kriecht Huch hervor, kreist um sich selbst
und schlüpft unters Tuch zurück.

Farbige Mäntel stapeln sich
zu einem Kleiderhaufen.
Zuoberst sitzt eine Frau, fragt.
- Kannst du 3 Rubikwürfel gleichzeitig
mit Händen und Füßen lösen?
Huch entdeckt ein winziges Holzstück
mit Gabel und Hörer, hebt ihn ab.
Eine Stimme meldet sich.
- Hallo, willst du einen Song hören?

Donnervogel und Schlange

In einem undurchsichtigen Wald
endet der Weg.
Ein schmaler Trampelpfad führt
durchs dichte Unterholz.
Neben einem hohlen Baumstamm
schiebt der Pilz seinen Kopf durch den Boden.
Der zarte Duft blühender Linden
hängt in der Luft.

In einer überdimensionierten Schneekugel
malt Huch mit gelb-violetten Farbklecksen
Rosen auf leere, nicht gegen Wind,
Sonne und Regen imprägnierte Leinwände.
Birkenweiße Tafeln, vom Handtaschenformat
bis zu meterhohen Flächen hängen
an der Fassade des Hauses. Darauf steht.
- Ich wache jeden Morgen auf.

Eine Frau trägt ein T-Shirt
mit dem Porträt Huchs,
zaubert mit ihren Händen
ein Strichmännchen in den Sand, erwägt.
- Können Erdbeeren denken?
Ein Donnervogel und eine Schlange
schweben durch die Luft, tauchen
in einen Schwarm gläserner Bienen, fragen.
- Weißt du, wie man etwas verschwinden lässt?

27

Die Möwe im Spiegel

Nur wenige Zentimeter ragt
die Sandbank aus dem Fluss.
Eine Möwe gleitet über den Spiegel,
leuchtet blaugrün in der Reflexion.
Dichter Wald wächst bis ans Ufer.
Stromschnellen rauschen in der Schlucht.
Federweiße Schaumkronen vermischen sich
mit aquamarinblauen Wellen.
Ein Wasserfall braust.

Huch ritzt einen Zacken in eine Metallplatte,
übermalt ein Gemälde blütenweiß.
Ein Geist kommt aus der Lampe
und fragt.
- Soll ich mich in einen Geist
aus der Tube verwandeln?
Auf einem Zeitungsschnipsel steht.
- Wer sich die Musik erkiest.

Auf einem großen Bild ist nichts weiter
zu lesen als das Wort „Huch"
in kirschroten Buchstaben,
teilweise grasgrün, ameisenschwarz
indigoblaublau und grellpink übermalt.
Huch schreibt mit Wachskreiden
die Frage.
- Ist dieses Bild begehbar?

Das Rad aus Pfauenfedern

Über den glasklaren Bach führt
eine Steinbrücke. Durch den Eichenwald
schlängelt sich ein schmaler Weg
zur Bergkuppe hinauf, wo Bienen summen
und Vögel zwitschern.
Riesenfarn, Buchen und Waldreben
verwachsen den Pfad.
Das Licht durchflutet die Äste und Blätter.

Unterwegs steht ein Schild,
auf dem „Huch" zu lesen ist.
Darunter die Frage.
- Bist du feinhörig und anfällig
für Gedankenspiralen?
Huch spielt mit den Worten,
als wären sie Seifenblasen,
die niemals platzen dürfen.

Er malt mit kreideweißer Farbe
auf klavierschwarzen Grund
ein Strichmännchen. Es fragt.
- Wie fühlt sich ein Pilz,
stülpt sich einen Pilzhut über,
wundert sich über die Gleichförmigkeit
von Pinselabdrücken auf der Leinwand,
steckt ein Rad aus Pfauenfedern.
Es dreht. Die Federn rascheln.

Der fliegende Teppich

Das Wasser flüstert in halbkreisförmig
anrollenden Wellen,
die Schaumkronen tragen.
Tiefblau schimmert der See.
Ein Wolkenturm erhebt sich
über dem anderen Ufer.
Eine Möwe flitzt vorbei, wirft einen Schatten
auf den kalkweißen Strand.

Huch sucht einen auffälligen Stein,
schiebt mit einer Latte
Sand hin und her.
Schattenfiguren tänzeln.
Auf seinem Cap steht
in funkelnden Pailletten „Huch".
Ein fliegender Teppich landet.
Darauf sitze eine Frau und fragt.
- Wären die Menschen verschieden,
wenn sie gleich aussehen würden?

Huch schaut auf einen kleinen Zettel.
Darauf finden sich die Zeilen.
- Suche ein Steinmännchen.
Es verweist auf eine Buchstabenhöhle.
Darin wurzeln alle Wörter.
Und erst wenn Huch den Raum betritt,
sich bewegt, erscheint sie.

Das Flüstern des Wassers

Büsche und Bäume überwachsen die Insel.
Halbkreisförmig rollen die Wellen an.
Über der blassblauen Oberfläche
hört Huch das Flüstern des Wassers,
geht barfuß auf feinkörnigem Sand,
biegt auf den schmalen Waldpfad ab,
weicht einer Wurzel aus.
Moos schluckt den Klang der Schritte.

Bäume umgeben das Haus.
Aus der Schrift auf dem Dach
sind Leuchtbuchstaben herausgefallen.
Übrig bleiben 4 Buchstaben: Huch.
Abenteuerlich sind schmale und breite,
große und kleine Schränke
aufeinandergestapelt.
Figuren treten heraus, fragen.
- Wie knackt man die Nuss,
ohne dass die Schale zersplittert?

Huchs Bild ist auf eine Schlafdecke gestickt
am Zipfel der Welt, wo die Zeit stillsteht.
In einem mit Stoffballen vollgestopftem Raum
sucht er seinen Schatten.
Eine Blume aus bemalten
und zerschnittenen Plastikflaschen sagt.
- Die Verkleinerung ist kaum spürbar.

31

Der Fühler der Schnecke

Der Pfad, der sich zum See schlängelt,
verschwindet im Boden.
Die Wellen kräuseln sich
beim zerklüfteten Felsen.
Die Lagune erstreckt sich wie ein riesiger Spiegel.
Im Sonnenlicht glitzert das Wasser,
bringt Luft, Ufer und Sand zum Schimmern.

Huch findet in einer Plastik-Gießkanne Farbe.
Sie leuchtet tagliliengelb.
Ein Haus versinkt halb im Boden.
Aus dem Fenster ragt ein Pinsel.
In einer flamingofarbenen Villa am See
steht eine leere,
auf einen verstrebten Holzrahmen
gespannte Leinwand.
Huch löst ein Strichmännchen
in einem Teppich aus Farbflecken auf.

Vor dem brillantblauen Himmel segeln Möwen,
stoßen schrille Schreie aus,
stürzen sich in Ufernähe in ein Gerangel,
ein Knäuel aus Schnäbeln und Federn.
Im Wald zwischen lauter Fliegenpilzen
berührt Huch aus Versehen den Fühler
einer Schnecke. Sie sagt.
- Huch!

Schwarzweiß gefiederte Schwalbe

Lange Schleifen beschreibt der Fluss
durch den Auenwald,
strömt um die Sandbank.
Eine schwarzweiß gefiederte Schwalbe
streift das silberglitzernde Wasser.
Das Blatt einer Brennnessel leuchtet
im Gegenlicht. Über die Ufersteine
hüpft ein winziger Frosch.

Huch sieht ein Plakat.
Es prangt hinter Glas und meldet.
- Ich lebe an einem schönen Fluss.
Eine Frau picknickt unter Bäumen
und buntem Sonnenschirm, sagt.
- Das stimmt.
Sie nimmt ein bedrucktes Blatt,
faltet einen Papierflieger, wirft ihn.
Die Wörter auf den Flügeln
beginnen zu wanken.

Mit dem Löffel klöppelt Huch
in der Teetasse Rhythmen.
Sie dreht sich.
Ein Spielplatz samt Schaukel und Karussell
duftet nach Tannenholz und Schindeln.
Darin rattert eine Schreibmaschine
des Fabrikats Olympia Orbis.

Das Nilpferd auf der Seerose

Wild auf dem Feld blüht die Kornblume,
lässt sich von der Sonne bescheinen.
Eng und verschlungen führt der Weg
am felsigen Abhang vorbei.
Durchs Blätterdach des Walds
dringt Licht.
Ein aschgrauer Fels ragt
aus der ausgreifend ovalen Bucht.

Im Wald warnt ein Schild.
- Vorsicht! Baum!
Ein Bär richtet sich auf.
- Gibst du mir einen Handschlag?
- Davon können andere nur träumen,
sagt Huch, bindet Farbstifte
an windbewegte Äste.
Sie malen ein Bild.

Er legt sich auf den Boden, betrachtet
die Welt aus der Ameisen-Perspektive.
In einem gigantischen Puppenhaus
lebt ein Nilpferd.
Von den Fliesen an der Wand
bis zu den Sofakissen
ist alles pink.
Das Nilpferd tanzt auf einer Riesenseerose
mit sonnenschirmgroßen Schwimmblättern.

Verwildert im Grasland

Eine von urwüchsigen Linden gesäumte Allee
verwildert im Grasland.
Steile Felswände schließen
das Tal mit der leuchtendgrünen Wiese ein.
Huch springt von Stein zu Stein
über den Bach.
Zwischen Obstbäumen und Blumen
schlängelt sich der Pfad.

Huch baut aus Holz ein Flugzeug,
setzt sich hinein.
Der Wind weht ihn auf den Schornstein
einer stillgelegten Fabrik.
Er klettert herab, gerät auf eine Bühne,
setzt sich ans Notenpult,
übt mit der Stimmgabel,
hört einem Stein zu.

Ein Strichmännchen tritt
aus dem Papier heraus, sagt.
- Zunächst bin ich sprachlos.
Ein Fisch fliegt am Himmel.
Es schwingt sich auf den Rücken, ruft.
- Ich bin ein Sternbild.
Zwischen 2 Bäumen spannt Huch
ums Pappmodell einer Blume
pinkfarbene Fäden aus.

Wolkenberg

Reif sind die Brombeeren.
Die bunten Düfte des Waldes riechen.
Der Berg erhebt sich strahlend im Licht.
Zwischen Birken und Föhren
taucht der Weg auf.
In Serpentinen geht er steil abwärts
durch Grasbüschel und niedrige Sträucher.
Der Baum trägt Äpfel.

Ein kleiner Zeppelin sucht sich seinen Weg,
fliegt um den Wolkenberg, schwebt
über eine fallschirmweiß gekleidete Braut,
welche Bienen das Rechnen beibringt.
Huch sieht das Pappbild einer Kaffeetasse.
Eine Frau schenkt ein, sagt.
- Ich vermisse den Duft.
Sie trägt eine Umhängetasche,
kramt einen kaffeebraunen Filzhut daraus.
Ein paar verschiebbare Großbuchstaben
richten sich zur Frage auf.
- Was geschieht?

Mitten im Wald, abseits des Weges
findet Huch Tusche, Pinsel, ein Blatt Papier,
lässt eine haarscharfe Linie fließen.
Das Schild in den Bäumen sagt.
- Ich bin da, bis ich dich wiedersehe.

Verzweigtes Wurzelwerk

Nach einem langen Abstieg
verlässt die sandige Landstraße
den bambusgrünen Schatten des engen Tals,
geht zu beiden Seiten in Wiese über.
Tief lässt der Baum am Ufer die Äste hängen.
Das Wurzelwerk verzweigt sich
bis in den See.
Die Wellen sind mit Silberlichtern bestreut.

Hinter einem Vorhang aus langen Stoffstreifen
erscheint eine Wand, die Fresko-Bemalung
schon ziemlich abgeblättert.
Huch sieht ein Strichmännchen, das bedauert.
- Es nützt nichts, wenn ich dir sage,
dass ich Huch heiße.
Auf einem durchgesessenen Sofa näht
eine Frau im goldenen Bikini
ein Brautkleid aus Fallschirmseide.

Huch malt Lippen auf eine Plane,
lässt sie im Wind wehen.
Sie sagen immer freundlich Bitte und Danke,
als wären Worte bloße Silbenhaufen.
Im gläsernen Kugel-U-Boot
taucht er unter Wasser,
hört einem Fisch zu. Er sagt.
- Der See hat ja seinen Grund.

Pinselstrichskulptur

Ein breiter Strand erstreckt sich
in der Bucht.
Suchend schweift der Blick übers Ufer
und die sich spiegelnden Bäume.
Schrill grünblau leuchtet der See.
Ein Regenbogen spannt sich.
Vogelstimmen zwitschern.
Das Wasser plätschert.

Huch findet eine Flaschenpost.
- In Bälde triffst du eine Frau.
Sie schleudert bunte Blätter.
Eine Möwe kreist am Himmel.
- Was man nicht alles trifft,
sagt Huch.
Ein handgeschriebenes Schild verweist
auf eine Linie.
- Du gewinnst ihr etwas ab.
Am Ende der Linie wirft eine Frau
Blütenblätter aus dem Fenster.

Huch malt ein großes samtschwarzes Zeichen
auf eine seerosenweiß grundierte Leinwand.
Der Pinselstrich streift alle Flüchtigkeit ab,
gerinnt zur Skulptur.
Die Wand wird zum Ohr
und wieder zur Wand.

Der riesenhafte Baum

In einem Grünton schimmert das Tal,
als sei es mit Moos bewachsen.
Die kleine Bucht liegt friedlich
und still in der Mittagsonne.
Satt ultramarin schimmert der See
unter dem riesenhaften Baum am Ufer.
Eine Libelle umschwirrt die Seerose,
auf der ein Kind schläft.
Die Luft riecht nach wildem Oregano.

Eine leere Leinwand ist
auf einen verstrebten Holzrahmen gespannt.
Huch malt ein Strichmännchen
und einen kippenden Punkt darauf,
schneidet das Bild in der Mitte durch,
erhält 2 Bilder, wühlt in einer Dose
nach Erbsen, breitet sie aus,
zählt sie und die Farbtöne,
die sowohl Erbsen als auch Menschen stehen,
zum Beispiel Erbsengrün.

Huch zieht um den Schattenwurf eines Manns,
der einfach nicht Nein sagen kann,
eine Linie, unterhält sich mit einem Vogel,
findet ein selbstgemaltes Schild.
In gelben Lettern auf blauem Hintergrund
prangt der Name „Huch".

Blumen aus dem Schatten

Inmitten wilder Pfefferminze lauschen
die Blumen dem Rauschen der Wellen.
Der Wind kräuselt das Wasser.
Über die Gräser am Ufer
tanzt ein Schmetterling.
Wie ein Drachenbuckel ragt
ein Stück Treibholz auf.
Orchideen und Flieder blühen.

Huch schwenkt eine rot-weiße Fantasiefahne,
malt mit einem Kugelschreiber auf Papier,
klopft die Wörter ab.
Bunte Kissen türmen sich um ihn herum.
Am Boden deutet eine Farblache
die Form eines Vogels an.
Der gelbe Sonnen-Luftballon steigt auf.
Für einen Wimpernschlag sieht es aus,
als würden 2 Sonnen am Himmel scheinen.

Huch beugt sich zu den Lilien am Weg,
meißelt einen Papierflieger
aus einem Marmorblock,
knippst ein knallbuntes Bild
von einer Nussschale.
Ein silberner Wal schwebt am Himmel.
Wo sein Schatten die Wiese streift,
wachsen Blumen.

Das Krokodil liest Huch

Der Weg mündet in einen sandigen Pfad
zum Strand hinunter.
Sattgrüne Büsche und Bäume
säumen das Ufer.
In der verwinkelten Bucht ragt ein Fels
wie ein staubbrauner Fleck
aus dem glanzweißen Kies.
Sanft scheint die Sonne
zwischen den Wolken hindurch,
zaubert einen Regenbogen.

Mit einem Zeichenblock, Pastellkreiden
und ein paar Bleistiften zeichnet Huch
die Insel der Tiere. Der Löwe schiebt
den Scheinwerfer herum, schenkt Huch
ein Segel mit Leopardenprint.
Der Riese trägt ein Puppenhaus in Hutform.
Ein Lächeln erhellt das Gesicht der Frau,
die über seinem Kopf wohnt.
Der Besucher von einem anderen Stern
bringt Huch ein Heft mit Kinderzeichnungen.

Ein 4 Meter langes Krokodil nimmt
den Geruch von Kräutern wahr,
prägt dem Boden Fußabdrücke ein,
sieht menschenhohe Buchstaben,
die das Wort „Huch" formen.

Haus aus Schmetterlingsflügeln

Die winzige Bucht passiert ein Pfad.
Zwischen dem See und dem Wald
liegt der Strand. Der Spiegel glitzert.
Lichtweiß schimmert der Sand.
Ein mächtiger Baum wirft seinen Schatten.
Sonnenstrahlen durchdringen
das schillernde Grün.
Ein tropfenförmiger Stein gleitet
in die Wellen, zerfließt.

Huch führt unter Wasser
die Rolle vorwärts aus,
quirlt Luftbläschen, findet in einem Buch
mit vergilbtem Rücken den Satz.
- Selbst für einen Fehler gibt es
immer eine Erklärung.
Eine Tasche ist blau wie der See.
Eine Frau näht farbige Teile darauf,
bananengelbe, froschgrüne und flamingorote.

Aus seinem Notizbuch zieht Huch
eine auf Papier gemalte Klaviatur,
legt sie auf ein Brett,
beschwert sie mit Steinen,
spielt Mozarts Fantasie für Klavier D-Moll,
folgt einem pinkfarbenen Pfeil und landet
in einem Haus aus Schmetterlingsflügeln.

Die Linie im Sand

Eine bunt schillernde Seifenblase schwebt
zum gleißend weißen Strand.
Glitzernde Pünktchen lässt die Sonne
übers Wasser hüpfen.
Mit wenigen Büschen steigt
das Ufer flach an.
Wie von Riesenhand ausgeschleudert
wirken Steinbrocken.

Aus dem entfernten Dorf läuten Glocken.
In der Hochzeitshalle türmt sich
der Berg von Schuhen.
Ein gigantischer Blumenstrauß gerät
in den reißenden Strom von Farben.
Die Braut hüllt sich in einen Bademantel,
presst die Lippen
zum Schmollmund zusammen,
trägt ein Herz
in der Hutschachtel herum, fragt.
- Haben Bienen eine Art Bewusstsein?
Lichtreflexe gleiten über ihre Haut.

Der Roboter träumt vom Menschsein,
betrachtet die Beine der Passanten
auf der Treppe.
Huchs Füße zeichnen
eine einsame Linie in den Sand.

Echo der Schritte

Der Fluss schäumt in leuchtendem Türkis.
Unberührt wirkt eine Sandbank.
Durchs Wasser flitzen Forellen.
Im tief eingeschnittenen Tal
erscheint eine Felswand.
Die Wiese am Ufer duftet nach Thymian,
Minze und Rosmarin.
Ein Schild weist auf Honig hin.

Eine Frau lässt das Becken kreisen,
näht ein Gemälde aus Tischdecken,
Kleidern und Bettlaken zusammen
stickt mit bunten Fäden
das Wort „Huch" in ein Tuch.

Huch baut eine Hütte
aus Holz und Bambus,
zeichnet einen Bogen in die Luft,
entwirft ein wie von Kinderhand
in dicken blauen Strichen etwas ungelenk
dahingemaltes Strichmännchen,
hört in der Unterführung
das Echo der eigenen Schritte,
liest den an die Wand gesprayten Satz.
- Hinter dir steht ein Fragezeichen.
Er dreht sich um. Das Fragezeichen sagt.
- Hallo.

Lochsteine

In der limettengrünen Berglandschaft
fällt der Pfad zu beiden Seiten ab.
Ein wolkenweißer Stein ragt auf.
Im dürren, kniehohen Gras
zerbröselt eine Holzhütte zu Staub.
Ein Baum steht vor dem felsigen Hang.
Seine Krone fließt in den Himmel hinein.
Die Felswand ädern feine Wasserfälle.
Schier endlos windet sich die Landstraße
an der steilen Bergflanke dahin.

Vor einer Hauswand voller Graffiti
begegnet Huch einem Hasen und einem Reh.
Ein Blechbriefkasten ist verbogen.
Die Popcornverkäuferin bricht ihn auf,
nimmt eine gebrauchte Filtertüte heraus.
- Was liest du aus dem Kaffeesatz?
Sie reißt die Tüte auf.
Huch betrachtet die unsichtbare Linie,
welche der Satz verfolgt, liest die Frage.
- Was passiert, wenn dir mitten im Song
die Gitarre davonrennt?

Eine Frau trägt einen Rucksack.
Er ist sonnenblumengelb mit Posthorn drauf.
Sie schiebt ihm einen Zettel zu.
- Sammle Lochsteine.

Honiggelber Klee

Ein schmaler Waldpfad mündet in eine Wiese,
wo Schmetterlinge flattern.
Vogelgezwitscher ertönt aus einem Strauch.
Unter die Kirschbäume legt sich
ein dichter Teppich aus honiggelbem Klee.
Durch die Felsen windet sich der Weg
in eine sichelförmige Bucht
mit vanilleweißem Sand.

Eine Frau im samtseidenen Engelsdress
wirft Bälle auf, hält sie in der Luft,
schreibt mit goldenem Kugelschreiber
auf einen Stapel Röhren.
- Hand aufs Herz: Hast du einen Schritt
nach vorne gemacht?

Huch bemalt den karibikblauen Himmel
mit dem farbigen Film einer Seifenblase,
schreitet durch die Wurzeln,
die wie ein Torbogen aussehen,
findet in einer Wundertüte den Spruch.
- Du wirst vom eigenen Erfolg überrascht.
Aus einem aufgerissenen Riesensack
quellen weitere Säcke.
Einer ist feuerlilienrot, enthält
einen Papierfetzen mit dem Satz.
- Das ist erst der Anfang.

Pappelflaum

Sonnenstrahlen werfen durch die sich leicht
im Wind bewegenden Äste
ein feines Licht- und Schattenspiel
auf den Waldboden.
Der Singsang des Wassers, das Geplätscher
des Flusses durchdringt die Stille.
Aus den Wipfeln wächst der Fels
kerzengerade empor.

Es gibt Bettwäsche, Schlüsselanhänger
und Stofftiere, bedruckt mit Huchs Gesicht.
Er malt einen Ausflugtipp in die Landkarte.
- Wo kann ich eine Runde Verstecken spielen?
Am Bootssteg findet er
ein verblasstes Poster mit dem Satz.
- Nicht jedes Mal kannst du
einen solchen Glücksgriff erwarten.
Aus einer Wand voll Farbgewusel
springt eine Frau mit Skateboard
und Basecap, sagt.
- Der lange Ritt begann im Regenbogen.

Von einem Haufen nimmt Huch
einen verwitterten Stein mit,
hebt mit einem Fahrrad-Helikopter
mit Propellerflügeln vom Erdboden ab
in einer Wolke voll Pappelflaum.

Die Frau von einem anderen Stern

Wurzeln durchziehen den Boden.
Schmal gewachsene Föhren drängen sich
an den Rand des Pfads.
Über der Ruine einer Burg
zanken sich Krähen.
Eine hölzerne Brücke führt über den Bach.
Im Bambuswald stehen die Stämme
dicht und haushoch.

Ein alter Farblappen verknäuelt sich.
Huch trägt ihn ins Kunsthaus.
Überall stehen Kühe und sehen Huch zu,
wie er vom Weg abkommt,
glatte und glashelle Steine sammelt.
Ein Pfau stolziert umher, schlägt ein Rad
und wartet, bis Huch den Schirm aufspannt.

Von einem anderen Stern kommt eine Frau,
stürzt mit dem Raumschiff ab,
hüllt sich in einen dicken Teppich,
landet sanft im mannshohen Farn, sagt.
- Hallo. Die Erde sieht famos aus
und hat ganz viel Tiefe.
Sie bläst einen Luftballon
in der Form einer Rakete auf,
setzt sich drauf und fliegt über den Wald
in den Himmel voller Schäfchenwolken.

Der Löffel singt

Ein Trampelpfad verzweigt sich ständig
am Fluss, an einem Seitenarm
voller Strudel und Sandbänke.
Die Oberfläche kräuselt.
Im Wasser treibt ein Baumstamm.
Der Schilfvorhang lichtet sich.
Zum Vorschein kommen im blendenden Licht
Weiden mit tiefhängenden Ästen.

Im Wind weht ein Fähnchen.
Es ist löwenzahngelb.
Eine Teetasse läuft aus, ergießt sich
als Keramikbrei auf den verwachsenen Tisch.
Vogelgezwitscher tönt überall.
Eine Vogelhausattrappe fliegt auf.
Wie ein Buch klappt ein Sofa zu,
verschlingt den Leser, der darauf sitzt.

Vor dem Haus steht ein Wäscheständer.
In himmelblauen Lettern auf Tüchern
flattert das Wort „Willkommen".
Huch erkundet die Geheimnisse
der Farbe Blau, von Jeansblau bis Indigo,
von Vergissmeinnicht bis Ultramarin,
landet auf dem Dach mit der Frage.
- Klingt ein großer Löffel anders als ein kleiner,
wenn du ihn zum Singen bringst?

Die Grille und die Welle

Zwischen dem See und dem Wald
liegt der Strand. In der Bucht schimmert
der endlose Sand. Sanft hebt sich
der Berg aus dem enzianblauen Wasser
ins Horizontblau des Himmels.
Lichtgrün sind die tiefen Furchen
der Bergflanken bewachsen.
Nur die Grille und die Welle sind zu hören.

In einem Schuhkarton findet Huch
die Zeile in einen Spiegel geritzt.
- Mein Herz schlägt bis in die kleinste Zehe.
Eine Frau im fließenden Gewand,
das mit Blumen bemalt ist,
bläst in ein Rohr,
besprüht die Wand mit sonnengelber Farbe,
bis die Flächen im Steinweiß zerlaufen.

Huch zieht Schichten
von beschrifteten T-Shirts aus.
Auf dem letzten steht der Satz.
- Andere fangen von vorne an.
Er setzt ein zerrissenes Plakat zusammen.
Auf dem Bild ist nichts weiter zu lesen
als das Wort „Huch", in lackroten Lettern,
teilweise ahorngrün, kobaltblau
und zartrosa übermalt.

Vögel um die Badewanne

Am Waldrand über dem puderweißen Sand
rascheln Buchen.
Helltürkis schimmert der See in der Bucht.
Zwischen steilen Hängen leuchtet der Strand.
Um die Felsen schlängelt sich
ein schmaler Pfad, führt über Steinplatten.
Armdicke Waldreben hangen
wie Halteseile darüber.

Ein Schriftzug prangt an der Felsnadel.
- Hüpfe einmal in die Höhe!
Schlag mit der Handfläche
gegen den knallblauen Punkt!
Der Neon-Schriftzug „Gut" flackert auf.
Huch spritzt mit dem Pinsel Farbe
an die Wand.
Wilde Notenbilder wuchern.
Eine Katze legt sich auf die Tastatur
des Klaviers, schließt die Augen.
Bläschen gluckern aus dem Klangkorpus
des nixenhaft grünen Flügels.

In einer Badewanne fliegt eine Frau,
singt mit den Vögeln,
bemalt mit Lippenstift eine Orange,
schreibt auf eine Fahne.
- Höre den Fischen zu.

Der tanzende Elefant

Die Sonne scheint auf eine Insel
im glasklaren Wasser.
Zwischen uralten Eichenbäumen
führt der Weg hinunter zum See,
verliert sich im feinsandigen Ufer.
Die Wellen stupsen eine Flasche
an den Strand, zurück in den See.
Darin steckt ein Zettel, eng gefaltet, zerknittert.
- Mein Brief, der nie beginnt,
endet mit dem Grußwort: Ciao!

Ein silberweißer Elefant mit 4 Armen
spielt Flöte, tanzt aufrecht
und mit federnden Schritten
unter einer gewaltigen Platane,
welche die Wiese in der Bucht überragt.
Miteinander speisen die Bewohner
eines Puppenhauses, verwandeln sich
in Frösche und hüpfen
über den von Wurzeln durchzogenen Boden.

Abgebildet auf einer Murmel,
zieht sich eine Giraffe
in einen postkartengroßen Jutesack zurück.
Ein Satz ist auf den Stoff gestickt.
- Wer hier nicht schläft, findet
wahrscheinlich nirgendwo Ruhe.

Das Pferd über den Wolken

Unter dem zartblauen Himmel liegt die Wiese
tiefgrün, wie gemalt.
Vergilbte Grasbüschel sprießen am Rand.
Leise rascheln die Halme.
Vor den Eichenbäumen blüht
ein Teppich aus Blumen.
Ein Schmetterling flattert über den Hang.
Lavendel und Minze duften.

Durch ein rundes, blauschwarzes Loch
in einer von Graffiti versprühten Wand
klettert Huch, hört das Knirschen
seiner Sohlen und gurgelnde Orgeltöne,
findet einen kurkumagelben Rucksack
mit einem Posthorn auf dem Stoff.
Darin liegt ein handgeschriebener Zettel.
- Links und rechts hast du ein Bein.

Ein eisweißes Pferd läuft über die Wolken,
landet, frisst Blätter von einem Baum,
verwandelt sich in ein Einhorn.
Huch steigt auf,
reitet zu einem lilienweißen Sonnenschirm
mit kornblumenblauem Flatterband,
spannt ihn auf. Ein Zettel flattert
am Gestänge. Darauf steht.
- Gleich siehst du einen kleegrünen Fuchs.

Schwebende Stühle

Intensiv dunkelblau schimmert der See
am Rand der sichelförmigen Sandbucht.
Ein Baum spiegelt sich im Wasser.
Mit einem Anstieg beginnt ein Trampelpfad.
Birken und Föhren verbergen
die Serpentinen zu beiden Seiten.
Wie aus Watte ragt der Gipfel
des benachbarten Bergs in den Himmel.

Ein Tiger fliegt über den Horizont,
ausgestreckt, mühelos gleitend.
Mit weißen Straußenfedern auf dem Kopf
und 8 Armen reitet eine Frau
auf seinem Rücken.
Vor einem haushohen Gartenschlauch spendet
das einsame Glühwürmchen Licht.
Huch hört seine Stimme.
Sein Finger verfärbt sich golden.

Ein Mann schleppt Klappstühle herbei,
verwandelt sich in einen Schmetterling.
Menschen im hautfarbenen Trikot,
mit schwarzen Buchstaben bedruckt,
schweben auf den Stühlen in den Himmel.
Mit Farbe übergießt sich eine Frau.
- Ich verstehe mich als Clownin,
auch wenn meine Manege ein Wort ist.

Der Frosch und der Eichbaum

Nach langem Abstieg durch den Wald
watet Huch zwischen mannshohen Schilfstängeln
durch den Fluss, klettert über einen Felsen.
Eine Baumgruppe steht in der gewellten Weide.
Schulterhohe Lupinen leuchten
vor dem sandfarbenen Hang.
Die möwenweiße Zuckerwatte-Wolke strandet
an der pfefferminzgrünen Bergzacke.

Eine Frau mit Vogelkopf spielt Federball,
sucht einen lapislazuliblauen Stein.
- Ich fühle mich wie der Frosch,
der gegen den Eichbaum springt.
Ein Mann mit Zylinder und weißen Handschuhen
sprüht ein Graffiti an die Wand.
Aus verschlungenen und zerfransten Rändern
lassen sich die Namen aller Anwohner
und Passanten, ihre Tagesabläufe,
Pläne, schönsten Erinnerungen erkennen.

Eine Frau im Schlangenkleid fragt Huch.
- Ist es wichtig, dass verschiedene Menschen
verschiedene Sachen machen?
Auf dem T-Shirt eines Manns
prangt ein schwarzes Herz.
Er schnappt in einem Wäscheberg nach Luft.
- Wild und formlos erscheint ein Haufen.

Der Song der Fledermaus

Wellen schäumen das Wasser
am Waldsee auf,
den die beige Sandsichel umsäumt.
Unter Bäumen versteckt,
ranken Glyzinen um einen Bogen,
verwachsen mit Moos, Farn und Wurzeln.
Milde schimmert das Licht.
Die Wipfel wiegen sich im Wind.

Ein Gartenbusch auf Rädern rollt vorbei,
verfolgt von einem neonrosa Besen
und einem großen, weißen Schrank,
der Kleider sucht.
Vanillegelb und brombeerblau schimmert
eine Fassade mit der Aufschrift.
- Passend dazu gibt es Popcorn.
Die Buchstaben tropfen in eine Brille.

Vor einer Wand aus Sandsäcken
klopft ein papageienrotes Stachelherz
und ein Fingerhut setzt violette Noten.
Huch stupft mit dem Schilfrohr
ein i-Tüpfelchen in die Wand,
malt einen winzigen Kreis
in die Wand.
Die Fledermaus singt den Song.
- Besorg dir besser eine Tarnkappe.

Verwildert im Grasland

Verwildert im Grasland

Verwildert im Grasland

Verwildert im Grasland